M · SASEK

ISTO · É · ROMA

El Patito Editorial

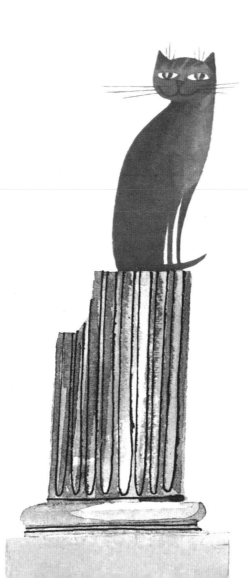

Recuemos cara ao principio.

Había unha vez unha nai loba e dous irmanciños chamados Rómulo e Remo. A loba criounos. Cando Rómulo se fixo home fundou unha vila que medrou e medrou ata se converter nunha gran cidade que abranguía sete outeiros.

Esa cidade era Roma.

Segundo conta a lenda, todo isto comezou hai dous mil setecentos anos, xusto aquí, ▮ nun outeiro chamado o Palatino.

O centro da antiga cidade, coñecido como *Forum Romanum,* estaba aos pés do outeiro Palatino. Estaba ateigado de templos, columnas conmemorativas e arcos de triunfo, e foi alí onde Marco Antonio chorou sobre o cadáver de Xulio César.

E agora vexamos como é Roma hoxe.

Unha cidade de coroas de loureiro e alegres fontes baixo un
brillante ceo azul. Antano capital do Imperio Romano, arestora
capital de Italia e centro da cristiandade, Roma é a «cidade eterna»,
na que conviven o mundo antigo e mais o novo.

Os antigos Romanos eran así:

César, o ditador.

Augusto, o primeiro
emperador de Roma.
Gobernou hai dous mil
anos, cando Roma xa tiña
un millón de habitantes.

S·P·Q·R

C·IVLIO CAESARI
DICT·PERPETVO

S·P·Q·R

IMP·CAESARI·DIVI·F·
AVGVSTO
PATRI·PATRIAE

Os romanos de hoxe en día teñen un aquel diferente.

Podes ver esta inscrición en ben de sitios:

Pon *Senatus Populusque Romanus,* que vén sendo «O Senado e o Pobo Romanos». Era o equivalente das armas da cidade, ou de inscricións modernas como *London County Council.*

Disque os máis romanos entre os romanos, viven nun poboado barrio da cidade chamado Trastevere.

O lazo azul significa que nesta casa acaba de
nacer un pequeno romano.

O centro da Roma actual é a Piazza Venezia, a Praza Venecia.

Ao fondo eríxese o que algúns chaman a «torta nupcial» ou a «máquina
de escribir», aínda que o seu nome real é Monumento a Vítor Manuel II.

Só ten un século de antigüidade e no seu interior está, desde a
Primeira Guerra Mundial, a Tumba do Soldado Descoñecido.

O Palazzo Venezia, á dereita, foi construído no século XV
e o Papa adoitaba vivir nel.

Agora estamos no cume doutro dos sete outeiros, o outeiro
Capitolino. Na Antiga Roma alzábanse aquí os templos de
Xúpiter e de Xuno. Hoxe é a Casa do Concello, cun museo a
cadanseu lado e coa estatua dourada do emperador Marco
Aurelio no medio.* Esta ampla praza foi deseñada por Miguel
Anxo, o grande artista do Renacemento.

Velaquí dúas lobas:

unha ten 2.300 anos...

e a outra é 2.300 anos máis nova.

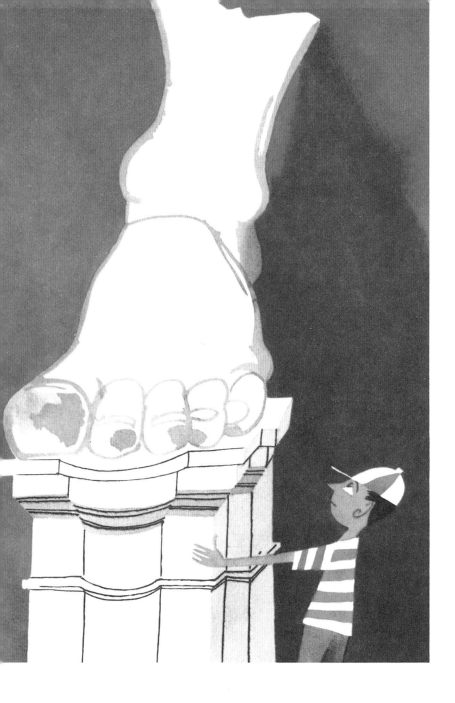

No patio do museo amósase esta pequena parte doutro grande emperador, Constantino.

Foi durante o reinado de Traxano cando o Imperio Romano acadou a súa máxima extensión, desde Inglaterra ata Exipto, desde España ata o Cáucaso. Este é o *Forum Trajanum,* coa Columna Traxana. Construíse no século II e colocáronlle unha estatua do emperador na cima, mais, andado o tempo, puxeron unha de San Pedro no seu lugar.

Este templo é o Panteón, douscentos anos máis antigo aínda que a Columna Traxana. Estes dous monumentos son os únicos da Antiga Roma que sobreviviron sen dano ningún ata os nosos días.
No interior do Panteón están as tumbas dos reis de Italia e mais a doutro gran pintor renacentista, Rafael.

«Roma non se fixo nun día», pero tardaron oito anos
en construír o Coliseo. Os traballos remataron no ano 80,
e nel había espazo para que 50.000 espectadores sentasen
no seu interior a ver as loitas dos gladiadores.

Aínda que se entras hoxe, todo
o que verás son gatos, turistas, fotógrafos
e vendedores de postais.

A Piazza Bocca della Verità —Boca da Verdade—, co Templo de
Vesta e o Templo de Fortuna Virilis.

Na igrexa de Santa Maria in Cosmedin, na mesma praza, está a Boca
da Verdade. Mete a man dentro: se mentiches, levarás unha boa trabada!

Uns metros máis lonxe atopamos o río Tíber.
Así é como se pesca nel.*

Moitas das antigas columnas teñen capiteis corintios, con adornos tallados que imitan as follas da planta do acanto. En Roma, o acanto medra por todas partes. Velaquí unha das súas follas.

A Ponte Fabricio —a máis antiga de Roma—
conduce, desde a dereita da imaxe, á única illa
da cidade, a Isola Tiberina.

A Praza dos Cabaleiros de Malta descansa noutro dos sete outeiros,
o Aventino. Se miras por un pequeno buraco que hai na porta...

... poderás ver, ao outro lado de Roma, a igrexa meirande do mundo: San Pedro.

Agora ímonos achegar a ela. Estamos de pé na entrada da Praza de San Pedro, na Cidade do Vaticano. A Basílica de San Pedro érguese onde estaba o Circo do emperador Nerón, no que foron martirizados centos e centos dos primeiros cristiáns. Alí debaixo, segundo di a tradición, xace o mesmo San Pedro na súa tumba. Durante dous séculos algúns dos máis célebres artistas do Renacemento traballaron no edificio. O domo foi deseñado por Miguel Anxo, e a Basílica consagrouna o Papa Urbano VIII en 1626. A columnata que arrodea a praza ten catro fileiras, unha detrás doutra, 284 columnas, 88 piares e 140 estatuas. Deseñouna Giovanni Lorenzo Bernini.

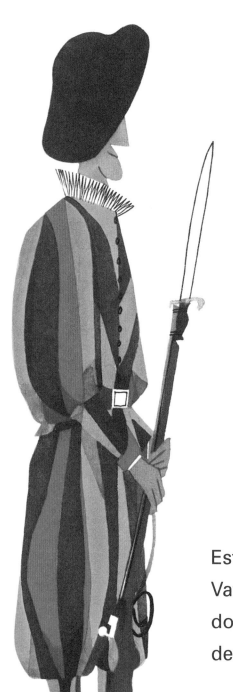

Este é un dos Gardas Suízos que vixían a entrada ao Vaticano, que está situado detrás da Basílica. A Cidade do Vaticano —onde vive o Papa— é estado soberano desde 1929, malia só ter uns cincocentos habitantes.

Hai máis estatuas antigas nos museos vaticanos que as que poidas atopar en calquera outro lugar do mundo. Terás que pasar por eses museos se queres chegar á Capela Sixtina e ollar os famosos frescos de Miguel Anxo.

O Castelo Sant Angelo foi concibido polo
emperador Adriano como mausoleo familiar.
Na Idade Media tranformouse nun fortín.
En 1527, o Papa Clemente VII refuxiouse aquí, escapando
do Vaticano por un pasadizo secreto, namentres Roma
estaba a ser saqueada por tropas estranxeiras.

A Basílica de San Juan de Letrán —denominada «Nai e Cabeza de todas as Igrexas»— foi fundada polo primeiro emperador cristián de Roma, Constantino o Grande. Destruída nunha ocasión por un terremoto e en dúas polo lume, reconstruíuse moitas veces ata que finalmente se *modernizou* trescentos anos despois. Esta praza é famosa polos bautizos dos cativos romanos, como poderás comprobar se te achegas un domingo calquera pola mañá.

O Pazo de Letrán —próximo á Basílica— tamén foi residencia papal.

Milleiros de estudantes de todos
os lugares do mundo van estudar
Teoloxía a Roma.

Os estudantes americanos
teñen este aspecto,

este os alemáns

e este os escoceses.

Velaquí Santa María a Maior.

Conta a lenda que a Virxe María se lles apareceu ao Papa Liberio e ao nobre romano Johannes no ano 352 d.C., e encargoulles erixir unha igrexa consagrada a ela no lugar exacto no que atopasen neve á mañá seguinte. Isto ocorreu no mes de agosto, cunha abafante calor romana, mais ao día seguinte, milagrosamente, a neve caeu nese preciso lugar.

Estes son dous *carabinieri* co seu uniforme de gala.

O Palacio do Quirinal primeiro foi residencia papal e, a partir de 1870, Palacio Real. Italia non ten reis desde a Segunda Guerra Mundial, e agora quen vive aquí é o presidente da República.

No interior desta igrexa, San Pietro in Vincoli
—San Pedro Encadeado—,

poderás ver o sepulcro
do Papa Xulio II e a famosa
estatua do Moisés de
Miguel Anxo.

As Termas de Diocleciano, construídas a finais do século
III despois de Cristo, eran as máis grandes de Roma. Nelas
atópase hoxe o Museo Nacional de Roma, onde se amosan
todos os estilos artísticos descubertos na cidade: grego,
romano e cristián.

As Termas de Caracalla teñen máis de mil anos de antigüidade.
Hoxe en día utilízanse como teatro ao aire libre para as actuacións
estivais da Ópera de Roma.

Agora estamos na Via Appia Antica —a Antiga Vía Apia—
construída hai uns vinte e tres séculos para unir Roma e Capua.
Beirean a calzada antigas tumbas romanas, porque daquela os
enterramentos na cidade estaban prohibidos.

Os enterramentos dos primitivos cristiáns tiñan lugar en
catacumbas subterráneas. Cando as visitas na actualidade,
en lugar dunha entrada, danche unha candea.

Á dereita desta praza, a Piazza di Spagna, está o pequeno
edificio onde viviu os seus últimos días o poeta inglés John Keats.
A escalinata lévanos ata a igrexa da Trinità dei Monti.

A medida que a sobes, comprobarás que Roma é unha cidade
na que as laranxas e os limóns madurecen nos patios...

... e as palmeiras medran nos tellados.

Uns pasos máis alá está Villa Medici, actualmente a
Academia Francesa. Desde aquí poderás gozar dunha
estupenda vista de toda a cidade.

Camiña un pouco máis e chegarás ao Pincio, un parque público
situado no lugar dos célebres xardíns de Lucullus.
O solpor vese mellor aquí que en tecnicolor,
ou iso é o que din os guías.

Pero o parque meirande de Roma é o dos xardíns da Villa Borghese, que conta mesmo coa súa propia galería de arte. Velaquí o Giardino do Lago…

… e este é o acceso principal aos xardíns.

A Piazza Navona, con todas as súas fontes, levantouse sobre as
ruínas do estadio do emperador Domiciano. A fonte central é de Bernini.
O obelisco provén do circo de Maxentius, na Vía Apia.

Outra praza romana, a Piazza de Sant'Ignazio,
que semella o decorado dun teatro.

Esta pirámide é o monumento funerario do maxistrado Caius Cestius, que morreu no ano 12 antes de Cristo. Detrás dela está o Cemiterio Protestante, onde se poden visitar as tumbas de Keats e Shelley.

Outra pirámide... de botellas de Chianti, o viño tinto italiano.

Velaquí algúns dos tranvías,
autobuses e trolebuses
romanos.*

Un taxi romano…

… e o metro de Roma.

Nos parques hai outro xeito
de se desprazar: en burro.

Roma esta ateigada de estatuas, e tamén de motocicletas.
Nós preferimos as estatuas, son ben máis tranquilas.

E isto é...

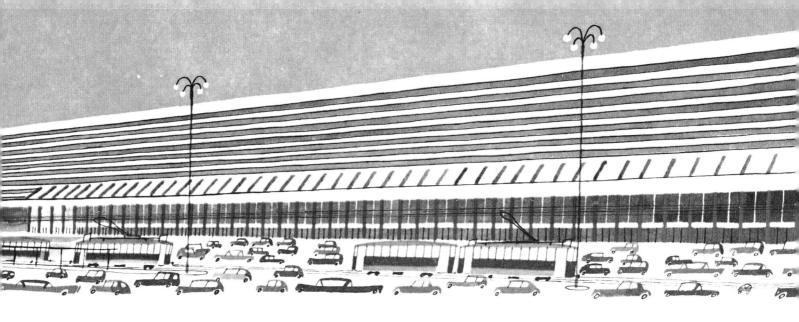

Termini, a estación principal,
onde comezan e rematan todas as vacacións en Roma.

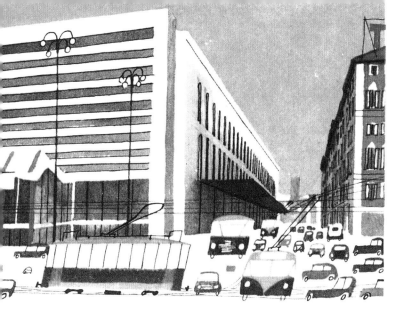

Se cadra, desexas que estas vacacións en Roma non rematen.
Pois daquela, a última tarde vai dar un paseo nun destes
coches antigos...

e que te leve ata a maior e a máis famosa das fontes romanas:
a Fontana di Trevi.

Baixa e guinda unha moeda á auga.

Se a tiras do xeito correcto —de costas e por riba do ombro dereito—, podes estar seguro de que algún día volverás.

E non te preocupes, que non ten perda, porque…
todos os camiños conducen a Roma!

Isto é Roma... na actualidade!

*Páxina 16: Na actualidade esa estatua é unha copia; a orixinal, restaurada, exhíbese no Museo Capitolino.

*Páxina 23: Na actualidade é raro ver pescadores; o río vai demasiado contaminado.

*Páxina 52: Na actualidade os trolebuses, tras desapareceren en 1972, volveron a Roma.